Steed Dölger
Amour - La destinée de l'homme

Steed Dölger

Amour

La destinée de l'homme

Copyright de la version française © 2016 Steed Dölger
Contact: www.steed-doelger.de

Copyright de la version allemande © 1993 Steed Dölger
Deuxième tirage, révisé en septembre 2004, modifié en 2009
Troisième tirage 2016, ISBN 978-3-741-26643-0
(version allemande)

Ce livre a été traduit en plusieurs langues (voir page 83)
Traduit de l'allemand par :
Shan Khara Birgit Gappa, Samparna Bernardy
Septembre 2010

Design du livre : Sevira Patricia Landsberg, Troisdorf
Contact: www.sevira-consult.de

Photo de la couverture : Temple de Sathya Sai Baba dans l'ashram principal Prasanthi Nilayam à Puttaparthi / Sud de l'Inde.
Origine de la photo : collection privée.

Tous droits réservés, y compris le droit de la reproduction d'extraits, de la reproduction photomécanique et de la traduction.

Production et maison d'édition :
BoD - Books on Demand, Norderstedt, Allemagne
ISBN 978-3-741-27344-5

*Ce livre est dédié
à la création divine.
Que tous les êtres se souviennent
de leur lumière divine.*

Index

Préface   9

Chapitre:

I. Sur la nature de l'Amour   11

II. Sur tout ce qui est   13

III. Sur la nature de Dieu   15

IV. Sur la nature de Lucifer   17

V. Sur la nature de la création   20

VI. Sur la nature de l'homme   23

VII. Sur la guérison de l'homme   37

VIII.	Sur le son - La musique de l'Amour -	48
IX.	Sur la danse - Le jeu de la lumière -	58
X.	Sur la lumière et les couleurs - La vie est multicolore -	62
XI.	Sur la communication - L'échange dans le cosmos -	68
XII.	Sur ton être dans l'univers	74
Sur Steed Dölger		81
Contact		82

Préface

Des décennies de travail en tant que maître spirituel montrent qu'aujourd'hui de plus en plus de gens sont ouverts pour leur développement spirituel.

Ils s'aperçoivent qu'ils sont des êtres spirituels et ils veulent apprendre à parcourir leur voie de la lumière consciemment. Ceci est bien raisonnable, car le développement cosmique de l'humanité et de la terre se trouve dans une phase de transition vers l'âge d'or.

Pourtant, pendant cette période de transition, les interprétations profanes et les interprétations fautives de l'Amour divin doivent se dissiper. Le temps pour l'humanité de vivre sa propre vocation, de vivre son Amour véridique est venu.

Ceci conditionne de toujours être ouvert et honnête. L'intégration de la responsabilité envers soi-même, de la méditation et de la prière dans la vie de tous les jours permet que la véritable spiritualité de l'homme ait lieu dans sa vie quotidienne.

Cet ouvrage décrit l'histoire la plus captivante de l'humanité. Je souhaite au lecteur une entrée bénite et affectueuse dans son propre monde spirituel vers le „connais-toi toi-même".

Steed Dölger, Troisdorf, Septembre 2004

Sur la nature de l'Amour

L'Amour.
L'Amour infiniment.

L'Amour est dans tous les cœurs.
L'Amour est du matin au soir.
L'Amour est le chemin, le but.
L'Amour est la lumière des mondes.
L'Amour est la plus grande force créatrice.
L'Amour est la loi cosmique.
L'Amour est dans la lumière et dans l'obscurité.
L'Amour est l'énergie suprême.

L'Amour est l'être suprême.
L'Amour est sans limites.
L'Amour est sans espace.
L'Amour est sans temps.

Chapitre I - Sur la nature de l'Amour

L'Amour est fou d'Amour.

L'Amour est un état d'âme.
L'Amour est l'origine de tout.

L'Amour est la destinée de l'homme.
L'Amour est si beau, si pur, si puissant.
L'Amour est en veillant et en rêvant.
L'Amour est le haut et le bas.
L'Amour est l'ordre et le chaos.
L'Amour est la vibration et le point fixe.
L'Amour est le cercle et la spirale.
L'Amour surmonte tout.
L'Amour est l'énergie par excellence.

L'Amour est l'humanité.
L'Amour est la création.
L'Amour est le cosmos.
L'Amour est tout.
L'Amour est Dieu.

L'Amour infiniment.
L'Amour.

Chapitre II

Sur tout ce qui est

Tout ce qui est, est son.
Tout ce qui est, est couleur.
Tout ce qui est, est lumière.
Tout ce qui est, est Amour.
Tout ce qui est, existe.
Tout ce qui est, est Dieu.

Tout ce qui est, est vrai dans l'Amour.
Tout ce qui est, est vrai et véritable.

Tout ce qui est, est Amour, est conscience.
Tout ce qui est, est de l'Amour unique.

Tout ce qui est, chante dans la lumière d'être.
Tout ce qui est, danse dans la lumière d'être.
Tout ce qui est, vibre dans la lumière d'être.

Chapitre II - Sur tout ce qui est

*Tout ce qui est,
même la plus petite
poussière cosmique,
est omnipotente au niveau de sa conscience.*

*Tout ce qui est,
même la plus petite
cellule du corps humain,
est omnipotente au niveau de sa conscience.*

*Tout ce qui est,
et ne croit pas être Amour,
redevient, par cette compréhension,
enfant de l'Amour.*

Sur la nature de Dieu

Dieu.

Dieu est.

Dieu est Amour.

Dieu est dans le début.

Dieu est dans la fin.

Dieu est dans tout.

Dieu est l'inexprimable.

Dieu est sans limites.

Chapitre III - Sur la nature de Dieu

Dieu est hors de l'espace.

Dieu est hors du temps.

Dieu est la transcendance de tout cela.

Dieu est Amour.

Dieu est.

Dieu.

Sur la nature de Lucifer

Lucifer,
le prince prétendu de l'obscurité,
il aime la puissance de l'Amour.

Lucifer,
le méconnu,
il était toujours dans la lumière.

Lucifer,
le porteur de lumière,
il porte l'Amour dans ses mains.

Lucifer,
le prince de la connaissance,
il était toujours plein d'Amour.

Chapitre IV - Sur la nature de Lucifer

*Lucifer,
il apporte la lumière.*

*Lucifer,
il apporte la capacité de la connaissance.*

*Lucifer,
il apporte la capacité de décider.*

*Lucifer,
par sa lumière
il permet à l'homme
d'entamer
son développement cosmique.*

*Lucifer,
par sa lumière
il permet à l'homme
de rentrer dans la lumière.*

*Lucifer,
qui était indispensable
pour le développement de l'humanité,
pour la sauver
de vivre en obscurité éternelle.*

*Et pourtant,
l'obscurité existe encore
sur terre,
car l'homme y maintient l'obscurité.*

*L'obscurité existe toujours
dans l'homme.
Mais c'est aussi par l'homme
qu'elle peut être surmontée.*

*Car la nature de l'homme
est l'Amour divin absolu.*

Sur la nature de la création

Avant le commencement
il n'y avait ni être ni non-être
et Dieu n'était pas conscient de sa propre existence.

Au commencement
Dieu se connaissait lui-même en tant
qu'esprit dans lui-même.

Au commencement
était le verbe,
et le verbe était
le son,
la vibration,
le son AUM,
et cette création commença.

Chapitre V - Sur la nature de la création

Et l'esprit est l'Amour, l'être éternel.
Et l'esprit est l'âme universelle.
Et l'esprit est Dieu.

Dieu est la création aimante.
Dieu est l'Amour.
Dieu est Amour.

Dieu
a créé la terre
pour permettre
aux êtres de l'Amour
d'y connaître
l'Amour consciemment.

Car tous les êtres
sont dans la lumière et dans l'Amour.

Car tous les êtres
sont des êtres de lumière et de l'Amour.

Et aussi l'homme
est un tel
être de l'Amour.

Il est un être de lumière de Dieu.

*Et par la similitude d'être avec Dieu,
l'homme peut rendre la matière
plus riche en lumière.*

*Car être homme signifie :
Porter la lumière.*

*Car être homme signifie :
Apporter la lumière.*

*Car être homme signifie:
Transformer en lumière.*

Chapitre VI

Sur la nature de l'homme

Au commencement
le ciel et la terre étaient une seule
et même chose.

Au commencement
l'homme était encore
consciemment aux cieux.

Au commencement
l'homme n'était pas encore
capable de différencier.

Puis, l'homme prenait,
provenant de l'unité,
le chemin de la dualité.

Chapitre VI - Sur la nature de l'homme

*Puis, l'homme prenait,
provenant de l'unité,
le chemin
de la connaissance.*

*Puis, l'homme prenait,
provenant de l'unité,
par la lumière de la connaissance,
le chemin de la distinction.*

*L'homme,
il est tellement plein de lumière et d'Amour,
qu'il crée en lui-même
la possibilité de la séparation.*

*L'homme,
il aime Dieu tellement,
il est tellement plein de lumière et d'Amour,
qu'il attire l'obscurité du cosmos
pour l'éclairer par sa lumière.*

*L'homme,
il est tellement plein de lumière et d'Amour
il crée la lumière dans l'obscurité.*

*Cette forme absolue
de la séparation,
l'expérience de la dualité,
était nécessaire
pour le développement
de l'humanité.*

*Le développement de l'humanité
permet pourtant
dans l'âge d'or
de surmonter à nouveau cette séparation.*

*L'homme,
qui est dans la lumière de la création,
un enfant de l'Amour,
souvent ne croit plus qu'il soit
un enfant de l'Amour.*

Ceci est l'erreur qu'il vit.

*Ceci est l'erreur qui lui permet
de se séparer dans l'obscurité
de tout ce qui est dans la lumière.*

Chapitre VI - Sur la nature de l'homme

L'homme,
fasciné par les implications
dans la vie matérielle
ne reconnaît plus ce qu'il est vraiment
dans la lumière.

Il ne s'identifie plus
avec sa nature divine.

Il ne croit plus
d'être de Dieu.

Il est temps
pour l'homme
d'ouvrir ses yeux
de nouveau pour la lumière.

Il est temps
pour l'homme
de se rendre compte de la lumière
qu'il est.

Il est temps
pour l'homme
d'abandonner son idée
que l'obscurité existe toujours.

Chapitre VI - Sur la nature de l'homme

*Il est temps
pour l'homme
d'accepter l'idée
de surmonter l'obscurité
pour consciemment trouver l'unité.*

*Il n'est pas arrivé à la dualité
par suite de ses péchés,
non !*

*Il est arrivé à la dualité,
à la connaissance, par la lumière,
par suite de la grâce de Dieu.*

*Homme,
reconnais, il est temps pour toi.*

*Le temps de l'obscurité passe !
La lumière est de nouveau omniprésente.*

*Souviens-toi,
homme, tu es dans la lumière.*

*Souviens-toi,
homme, tu es la lumière.*

*Souviens-toi,
en tant qu'être de lumière
que ta nature est lumière et Amour.*

*Souviens-toi,
en tant qu'être de lumière
que tu peux transformer dans la lumière.*

*Transforme
les énergies grosses en énergies fines.
Transforme
la matière en lumière.
Transforme en Amour
et en faisant cela,
va de ton obscurité vers la lumière.*

*Tu es lumière.
Tu es Amour.*

*Tu es lumière et Amour
tel que la lumière et l'Amour sont une seule
et même chose.*

*Tu es un être
qui est non seulement objet
mais aussi sujet de l'Amour.*

Chapitre VI - Sur la nature de l'homme

*Tu es un être
avec
une capacité d'aimer exceptionnelle.*

*Tu es un être
dont la capacité d'aimer,
quand elle est manifestée
dans sa forme suprême,
est Amour pur.*

*Tu es un être qui
est capable
d'être Amour consciemment
grâce à ta conscience de dualité.*

*Même les anges
aux cieux
bien qu'ils soient
Amour omniprésent
n'ont pas cette possibilité.*

*Homme,
reconnais,
ceci te distingue
d'autres êtres.*

*Tu es le créateur
de ton Amour.
Tu es le créateur
de toi-même.*

*Mais ceci n'est possible
que par la grâce de Dieu.*

*Crois de nouveau en ta lumière.
Crois de nouveau en ton Amour.
Crois de nouveau en ta divinité.*

*Tu en es capable.
Sers-toi de ta capacité de la connaissance.*

*Tu en es capable.
Sers-toi de ta liberté de décision.*

*Tu en es capable.
Sers-toi de ta volonté libre
et prends une décision.*

*Reviens à la lumière.
Reviens à l'unité.*

Chapitre VI - Sur la nature de l'homme

*Ecoute en toi
la jubilation de tout être.*

*Ecoute en toi
le chant dans les cieux.*

*Ecoute en toi
le message de la lumière:*

*Tu es dans la lumière.
Tu es la lumière pour toujours.
Tu es ce que tu es.
Tu es un avec tout.
Tu es un avec Dieu.*

*L'obscurité est surmontée.
L'obscurité est dans la lumière.*

Ouvre-toi et sois prêt.

*Sois prêt
à rentrer
de nouveau
dans la lumière
en tant que
travailleur de la lumière.*

Chapitre VI - Sur la nature de l'homme

*Libère-toi de tes attachements
que tu as encore
avec le monde matériel,
avant que tu retournes.*

*Souviens-toi:
Ton corps
est le temple de ton âme.*

*Souviens-toi:
En tant qu'être
spirituel et matériel
tu peux
surmonter l'obscurité de la matière
par ta propre lumière.*

*Souviens-toi:
C'est ton esprit qui règne sur la matière.
C'est ton esprit qui se matérialise
en tant que lumière.
C'est ton esprit qui est la lumière dans la
lumière.*

*Souviens-toi :
Ta lumière et ton Amour
surmontent
la roue de la réincarnation.*

Chapitre VI - Sur la nature de l'homme

*Souviens-toi:
Tu es si plein de lumière
que tu surmontes naissance et mort.*

*Le message de l'Amour est le suivant:
Homme, surmonte tes limitations.
Homme, surmonte ta mortalité.*

*Tu es un enfant de la lumière
et toutes les énergies de la lumière
sont à ta disposition.*

*Tu peux transformer ton corps
en lumière pure
et redevenir un
avec la lumière divine.*

C'est le plus beau message qui existe:

*Tu es dans la lumière.
Tu as réussi.
Fais maintenant l'expérience de ta divinité.*

*L'obscurité n'existe pas vraiment.
Elle n'existe que dans ton imagination.*

Chapitre VI - Sur la nature de l'homme

*Détache-toi de tes
imaginations et tes identifications.
Détache-toi de tes
attachements et compromis.*

*Tu n'es pas un esclave de la matière.
Tu es la lumière
qui rend la matière plus lumineuse.
Tu es le pouvoir de la lumière.
Tu es un être de l'Amour.
Tu es un être de Dieu.*

*L'Amour est donc le créateur de ton espèce.
L'Amour est ce qui te guide toujours.
L'Amour est ce qui t'illumine toujours.
L'Amour est ce qui t'unit.
L'Amour est ce qui te constitue.
L'Amour est ton vrai être.*

*Crois en toi et en ton pouvoir !
Crois en le pouvoir de ta lumière !
Crois en le pouvoir de ton Amour !*

*Aucune
âme humaine
sera perdue
dans la création divine.*

Chapitre VI - Sur la nature de l'homme

*Aucune
âme humaine
sera oubliée
dans la création divine.*

*Aucune
âme humaine
va tomber
dans la damnation éternelle.*

*Et le message divin
qui rend heureux est le suivant :*

*Le ciel et la terre
redeviennent un
dans l'âge de la réunification,
dans l'âge d'or,
dans l'homme,
car la réunion s'effectue en lui.*

*C'est le véritable renouvellement.
C'est la véritable guérison de l'homme.*

*Toutes les âmes
rejoignent la lumière de l'Amour.*

Réjouis-toi,
tous les hommes vont être réunis
avec Dieu,
car aucun homme n'a jamais abandonné Dieu.

Réjouis-toi,
ciel et terre vont être réunis.

Réjouis-toi,
et célèbre
ce mariage cosmique
dans le jardin de ton âme.
Réjouis-toi,
c'est ta tâche.

Réjouis-toi,
c'est ton chemin, ton but.

Réjouis-toi,
le Seigneur te remercie
comme tu remercies le Seigneur.

Chapitre VII

Sur la guérison de l'homme

L'Amour est le salut absolu.
L'Amour est la lumière absolue.
L'Amour est le pouvoir absolu.

Toutes les âmes sont
lumière et Amour,
tout comme l'âme de l'homme est
lumière et Amour.

C'est pourquoi
l'Amour
est la seule chose
qui vraiment guérit l'homme.

*L'homme tombe malade
quand il se détourne de l'Amour.*

*L'homme guérit
quand il se retourne
vers l'Amour.*

*La vraie guérison
de l'homme se passe toujours par l'Amour.*

*La vraie guérison de l'homme
est toujours une guérison
pour l'homme,
pour l'humanité,
pour la terre et le cosmos entier.*

*Cette guérison est extrêmement puissante
et elle éveille en toi la joie et l'Amour.
Cette guérison te mène
à la compréhension que tout est relié avec tout.*

*Cette guérison te mène à
la compréhension
de te pardonner toi-même
et tout autrui.*

Chapitre VII - Sur la guérison de l'homme

*Homme, reconnais,
tous les êtres
sont frères et sœurs
dans la lumière !*

*Reconnais,
il n'y aura ni désaccord
ni désunion,
car l'harmonie et la paix se trouvent dans toi.*

*Comment est-ce que tu peux encore être attristé
navré et aigri,
tout en ayant la certitude
d'être de Dieu?*

*Toute tristesse, toute amertume
ne font que t'endurcir
et cela ne correspond pas
à ton vrai être.*

*Ton vrai être apporte l'harmonie à tous
et est loin de toute dysharmonie.*

*Alors sois heureux,
car tu es du bonheur.*

Chapitre VII - Sur la guérison de l'homme

*Comment est-ce que tu peux penser
que tu vis spirituellement
si tu n'es pas heureux,
si tu as encore des doutes,
si tu ressens encore la colère
et la fureur dans toi ?*

Tu es un être de lumière et d'Amour.

*Tu peux t'assumer
dans le jeu de la lumière.*

*Tu peux te perdre
dans le jeu de l'Amour.*

*Tu peux être celui que tu es
dans le jeu de l'Amour.*

Assume-toi tel que tu es.

*Conçois,
une vie vraiment spirituelle
te remplit d'Amour.*

*Laisse ta vie être remplie
de bonheur et de paix.*

*Laisse chaque être de la lumière
participer à ta félicité.*

Reconnais-toi!

*Ton existence humaine
est la réalité absolue d'être.*

*Homme,
reconnais-toi*

*Homme,
reconnais-toi comme toi-même*

*Homme,
reconnais-toi dans tout.*

*Homme,
reconnais-toi comme être d'unité.*

*Homme,
reconnais-toi comme créature de Dieu.*

*Homme,
reconnais ton véritable être.*

Chapitre VII - Sur la guérison de l'homme

*Homme,
reconnais que tu es de Dieu.*

Car être de Dieu signifie:

*Voir tout en Amour.
Accepter tout en Amour.
Laisser tout en Amour
tel qu'il est.
Aimer tout en Amour
comme il te correspond.*

*De cette façon,
tu réussis à te pardonner.
De cette façon,
tu réussis à pardonner à toutes les âmes.*

*Pardonner signifie:
Approuver tout comme il est.*

*Dire oui signifie:
Reconnais la réalité telle que
tu l'aperçois dans ton monde.*

*Reconnaître la réalité signifie:
Connaissance de soi-même.*

Chapitre VII - Sur la guérison de l'homme

Assume-toi entièrement.
Assume-toi tel que tu es.
Assume tes côtés sombres.
Assume-les et délivre-les dans ta lumière.

Délivrer tes côtés sombres
est la plus importante,
est la plus difficile,
est la plus belle tâche de ta vie.

Penche-toi sur tout
de ce que ton âme te fait prendre conscience.

Seulement ainsi, tu reconnais ta destinée.
Seulement ainsi, tu te rends compte de ta tâche.
Seulement ainsi, tu peux connaître
la guérison véritable.

La guérison de ta non-compréhension.
La guérison de tes vanités d'ego.
La guérison de
tes implications humaines.

La guérison de ton attitude négative
envers Dieu.

*Arrête de gémir sur la
solitude apparemment si terrible.*

La solitude n'est qu'une idée en toi.

*Tu es guéri - même si tu es seul.
Tu es en Dieu – même si tu es seul.*

Entre dans l'unité divine.

*Communique
avec toutes les âmes,
non seulement avec les âmes des hommes,
mais aussi avec les âmes des animaux
et des plantes.*

*Cela t'apporte la guérison véritable.
Cela signifie être uni avec le monde spirituel.*

*Communique avec tout ce qui est.
Tu en as la capacité en toi.*

*Tu es un être de lumière et d'Amour.
Tu ne dois que t'en souvenir de nouveau.*

Chapitre VII - Sur la guérison de l'homme

*Entre en contact par l'Amour
avec tout ce qui est.*

*Assume
ton développement cosmique.*

*Admets à nouveau ta vraie nature humaine.
Admets à nouveau d'être celui que tu es
véritablement.
Admets à nouveau tes visions.
Admets à nouveau ton rire.*

Le rire te guérit et il guérit tous les êtres.

*Rire signifie : être joyeux.
Rire signifie : avoir le cœur ouvert.
Rire signifie : unir tout en aimant.*

Ris en Amour et crée l'humour dans toi.

*L'humour
est toujours quelque chose qui unit,
quelque chose d'aimable
dans le chaos apparent
des vanités humaines.*

Jubile, ris et vis ton humour !

*Cela vaut la peine
car tu es déjà dans les cieux,
là, où il y a la jubilation,
le rire et la joie à jamais.*

Ris, prie, travaille et sois heureux.

*Remercie
le créateur pour le droit de pouvoir faire
tout ce que tu veux.
Remercie
le créateur pour ton existence en tant
qu'être humain.*

*Pour cette raison :
Apprends à souffrir sans te plaindre.
Apprends à souffrir et sois joyeux.
Apprends à souffrir et loue
les noms de Dieux.*

*Car la vie est belle.
Car la vie est merveilleuse.
Car la vie est pleine de lumière.
Car la vie est pleine d'Amour.
Car la vie vaut bien d'être vécue.*

Chapitre VII - Sur la guérison de l'homme

*C'est le message de l'Amour
adressé à ton âme.*

*Il n'ya rien de plus beau,
rien de plus précieux pour toi
que de vivre ta vie.*

*Homme,
réjouis-toi,
car le temps
de l'Amour et de la rédemption est arrivé.*

Chapitre VIII

Sur le son
- La musique de l'Amour -

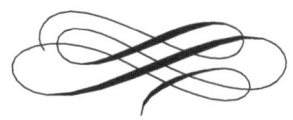

Tout ce qui est
est Amour, vérité et son.

L'univers est son.
Le monde est son.

Même la plus petite de tes cellules
se compose de son,
car la lumière et le son ne font plus qu'un.

Chaque
vibration énergétique
s'exprime à travers de
son son individuel.

Chapitre VIII - Sur le son - La musique de l'Amour -

*Ce son est audible,
mais tu l'entends seulement
en partie avec tes oreilles.*

*Par contre, ton cœur entend tout son,
car c'est avec ton cœur
que tu écoutes l'Amour.*

*Ton cœur est le centre
de l'Amour et de la vérité absolue.*

*Avec ton cœur tu entends
ce qui est véritablement.
Car c'est par ton cœur que tu es relié
à tout ce qui existe, à tout son.*

*Si tu n'entends plus
le chant des louanges
de la création,
c'est parce que ton cœur est renfermé.*

*Alors tu es endurci
et tu ne résonne pas
comme tu pourrais.*

Chapitre VIII - Sur le son - La musique de l'Amour -

*Alors tu ne te dévoues pas
au son de la création.*

*Si tu veux de nouveau
écouter le son de la création et être guéri,
alors penche-toi sur la musique,
car aussi la musique peux te guérir.*

*C'est la musique de la nature
et la musique du cosmos
qui est reçu par des êtres créatifs, les muses,
et qui est ensuite transposé en
musique audible
par des musiciens doués.*

La musique est une expression de l'Amour.

*Tous les grands musiciens sont si pleins
d'Amour que leurs cœurs
débordent dans le son,
ils débordent dans la vibration
de la musique de l'Amour.*

*Car vos grands compositeurs
sont des hommes très spirituels.*

Chapitre VIII - Sur le son - La musique de l'Amour -

*Ils ne composent pas
vraiment la musique.*

*Inspirés par leurs muses,
ils la reçoivent
dans les cieux.*

*Ecoute,
afin que ton cœur n'endurcisse pas,
afin que tu te
reconnaisses et tu te conçoives
comme frère et sœur
de la nature et de la création.*

*Il est temps
d'ouvrir de nouveau ton cœur pour cela.*

*Il est temps
de bénir en Amour
la nature et tout ce qui aime et vit
dans la nature.*

Béni tout ce que tu rencontres en Amour!

Ainsi, tu reviens dans le fleuve de ta vie.

Chapitre VIII - Sur le son - La musique de l'Amour -

*Ainsi, tu rends
le salut
tel que
tu l'as reçu.*

*Aussi les anges
et tous les êtres dans la lumière
écoutent
le son infini des mondes.*

*Tout écoute
en extase et avec ravissement
les différentes variations du son:
Le son de l'eau,
le son d'une source,
le son d'un ruisseau,
le son d'un fleuve,
le son de la mer.*

*L'eau est entre autre un symbole
pour la purification.
L'eau représente
la lumière,
manifestée par le son.*

Alors, nettoie-toi dans ce son.

*Le son de l'eau
te touche là où il t'émeut immédiatement.

Il te calme.
Il te ramène
à ton propre son,
à ton propre être.

Le son de l'eau
te guérit
si, par ton attachement
à la matière,
tu n'écoutes plus avec ton cœur.

Le son de l'eau
ouvre ton cœur
pour la vibration divine,
pour le son cosmique.

Le son cosmique
est ton être véritable,
car tu es une vibration de l'Amour.

Alors, écoute le son de l'eau
pour te guérir.*

*Et tel que le son de l'eau
te guérit,
toi aussi, tu peux guérir
l'eau avec ton son.*

*Et parce que tu es
un être de la lumière,
tu peux bénir
les sources,
les ruisseaux,
les fleuves et la mer,
pour les enrichir de lumière
par ton Amour.
Car l'Amour
n'est jamais unilatéral.*

*Ce n'est qu'ainsi qu'il est raisonnable.
Ce n'est qu'ainsi que tu es en cours.
Ce n'est qu'ainsi que tu es un être de la lumière.
Ce n'est qu'ainsi que tu es un être de l'Amour.
Ce n'est qu'ainsi que tu es un être de la création.*

*Sois sûr,
l'eau et les êtres dans l'eau
aspirent à ton Amour qui guérit.*

Et tel que tu guéris
tous les êtres par ton Amour,
aussi toi, tu peux être guéri par
les sons de la nature:
Le chant
du vent dans les arbres,
la chanson d'un oiseau
et le chant d'un grillon.

Tout son de la nature te guérit.
Tout son est Amour qui te guérit.

Donc, celui qui pense que le chant d'un oiseau
n'a rien à voir avec la musique se trompe.

C'est par leur chant que les oiseaux
louent la création.

Tout ce qui loue la création
a la même vibration
et est une expression de l'Amour véritable.

Quand tu ne séjourne pas sur terre,
chanter est un état tout à fait naturel
pour toi comme être de lumière.

Chapitre VIII - Sur le son - La musique de l'Amour -

Et aussi les anges chantent dans les cieux.

*Alors, toi aussi tu peux t'ouvrir de nouveau
et louer la création
par ton chant.*

*La musique
est la vibration divine qui t'ouvre.*

*La musique
est la vibration divine
qui ouvre ton cœur
pour écouter le son d'unité
de tout ce qui est.*

*Chante en Amour,
car le cosmos est plein de musique,
il est plein de louanges de la création.*

Ouvre-toi pour ton son.

Dévoue-toi à ta propre mélodie.

*Si tu te dévoues à ton son,
tu te dévoues à ta mélodie.*

Chapitre VIII - Sur le son - La musique de l'Amour -

*Alors
tu vas sentir ta richesse en lumière.*

*Alors
tu vas sentir ta capacité d'aimer.*

*Alors
tu écoutes en toi la musique divine.*

Chapitre IX

Sur la danse
- Le jeu de la lumière -

*Shiva danse
la danse divine,
la ronde cosmique,
la danse des atomes,
la danse de la création.*

*Le cosmos
entier,
tous les êtres,
tous les anges,
tout ce qui est,
vibre
et
danse.*

*Toi aussi,
étant un être de lumière,
étant un être d'Amour,
tu es un être qui vibre,
tu es un être qui danse.*

Vibrer signifie: ne pas être attaché!

Danser signifie: ne pas être attaché!

*Vibrer et danser
te libère
du jeu de l'ignorance ici sur terre,
et par cela tu connais
le jeu de l'Amour en toi.*

L'Amour est toujours libre.

*L'Amour ne se laisse pas attacher.
L'Amour ne se laisse pas tenir.*

*Une qualité
de l'Amour
est de relier,
mais l'Amour même
n'est jamais attaché.*

*Cela est le jeu de l'Amour
et dans la danse tu peux vivre
l'expression sonore
de ce jeux.*

*Si tu danses,
tu te dévoues entièrement à ta vibration
et de cette manière, tu loues la création.*

*Chacune des cellules de ton corps,
en louant la création,
vibre et danse dans la lumière.
Chaque cellule est lumière.*

*La danse est une forme
de manifester ta gratitude
de pouvoir être ici, sur terre.*

*Cette fois-ci, il n'était pas facile
d'incarner sur terre,
car bien des êtres aimeraient
s'incarner en qualité d'homme.*

*Alors, rends grâce au Seigneur
et loue-le pour toujours.*

*Car c'est le bonheur absolu
que tu puisses t'imaginer.*

Alors, sois heureux, chante et danse!

*Si tu chantes, si tu danses,
tu es heureux
et cela est l'expression naturelle
de ton être dès le début du temps.*

Homme, danse,

*pour dissiper
ton amertume,
tes indurations,
ton égocentrisme.*

Homme, danse,

*dans la lumière,
car tu es un danseur de lumière.*

Homme, danse,

*car comme danseur de lumière
tu loues le créateur par ta danse
pleine d'Amour et de dévotion.*

Chapitre X

Sur la lumière
et les couleurs
- La vie est multicolore -

Ainsi que l'Amour
s'exprime en tant que son,
il s'exprime
dans toutes les variations
de la lumière.

Ces variations de la lumière
tu t'en aperçois
comme couleurs.

Tout être est lumière.
Tout être est Amour.
Tout être est couleur.

Chapitre X - Sur la lumière et les couleurs - La vie est multicolore -

*Homme, reconnais,
tu es un enfant de la lumière.*

*Homme, reconnais,
tu es un enfant de l'Amour.*

*Homme, reconnais,
tu es un enfant des couleurs.*

*Tu es le peintre
de ta réalité,
car ta vie
est une image de tes imaginations.*

*Et dans l'image de tes imaginations
tu reconnais
que la vie est belle et pleine de couleurs,
car elle est en phase avec l'Amour
et tu es permis de la vivre.*

*Homme, tiens en compte,
car
tu es le créateur de ta vie.*

Chapitre X - Sur la lumière et les couleurs - La vie est multicolore -

*Homme, tiens en compte,
pour que tu ne rendes ta vie
grise et triste.*

*C'est toi seul qui décide
jusqu'à quel point ta vie soit colorée.*

Décide-toi!

*Si tu es multicolore et plein de lumière
aussi ta vie est multicolore,
aussi ta vie est pleine de lumière.*

*Mais si tu te détournes
de la lumière et des couleurs,
tu es dans l'obscurité
et les ténèbres t'enrobent.*

*Cependant, toute peine,
toute obscurité, toute amertume
ne sont que des craintes et des angoisses,
matérialisées dans ton imagination.*

*Si tu travailles avec les couleurs,
tu amènes la lumière dans ta vie.*

Chapitre X - Sur la lumière et les couleurs - La vie est multicolore -

*Car toutes ténèbres, toute peine
disparaissent dans la lumière des couleurs.*

*Comme la nature rayonne
dans toutes les couleurs imaginables,
toi aussi tu peux rayonner
dans toutes les couleurs imaginables.*

*Amène les couleurs dans ta conscience,
et ta vie
se transforme en joie,
en calme et
en magnificence des couleurs de ce monde.*

*Car tu es un enfant du soleil.
Car tu es un enfant de la lumière.
Car tu es la béatitude
brillante éternelle.*

*Chaque couleur
symbolise
un aspect
de ta conscience.
Et la somme de toutes les couleurs
c'est toi.*

Chapitre X - Sur la lumière et les couleurs - La vie est multicolore -

*Si tu travailles avec des couleurs,
tu te reconnais
dans les couleurs que tu choisis,
et tu reçois accès
à ta conscience.*

*Ta conscience s'exprime
aussi par la couleur d'or.*

*Car l'âge d'or
commence à nouveau maintenant.*

*Et dans l'âge d'or,
l'or est une expression naturelle
de l'homme,
car il est en Dieu,
comme Dieu est en lui.*

*Celui qui est dans l'or,
ne peu être dans l'obscurité.
Celui qui est dans l'or, ne peut être découragé.*

*Dans la lumière, toutes ombres s'amenuisent,
comme l'amertume
ne peut croître que dans l'obscurité.*

Chapitre X - Sur la lumière et les couleurs - La vie est multicolore -

Ainsi, le contact avec les couleurs est extrêmement salutaire pout toi.

*Car
tu es plein de couleurs magnifiques.*

*Car
tu es éternel.*

*Car
tu es la béatitude colorée éternelle.*

Chapitre X

Sur la communication
- L'échange dans le cosmos -

*Tous les êtres communiquent
entre eux dans la lumière.*

*Tout est conscience
et tout est lié.
Tout est fluide, et tout désire être en tout
et est conscient de sa liaison.*

*Ainsi toi aussi, en tant qu'être humain,
tu es lié avec tout ce qui est,
tu es lié
avec tout ce qui existe.*

Chapitre XI - Sur la communication - L'échange dans le cosmos -

*Ainsi toi aussi,
en tant qu'être humain,
tu es en liaison et en communication
avec Dieu.*

*Ceci est possible
car ton âme,
incarné en homme,
séjourne simultanément dans les cieux.*

*Pour cela,
la communication
n'est pas seulement
un échange d'informations,
mais aussi une confirmation
de notre liaison cosmique.*

*Pour cela,
tu es un être communicatif.*

*Pour cela, c'est ta nature.
Pour cela, communique consciemment.*

*Souviens-toi que tu peux avoir accès à
tous les domaines de ta conscience.*

Chapitre XI - Sur la communication - L'échange dans le cosmos -

*Souviens-toi que tu peux accéder à
toutes les incarnations
et tous les cycles de la terre
que tu as jamais vécus.
Car tu es ici et maintenant,
la somme de toutes tes
expériences et incarnations.*

*Et comme tu peux accéder à tout ce qui est,
laisse ta conscience
communiquer avec
tes côtés obscurs
pour qu'ils deviennent plus lumineux.*

*De cette manière tu apprends
à communiquer en Amour
avec toi,
avec tous les hommes,
avec tous les êtres de la lumière.*

Souviens-toi, tu en es capable.

*Souviens-toi,
tu peux de nouveau admettre
cette forme de communication
dans ta conscience.*

Chapitre XI - Sur la communication - L'échange dans le cosmos -

*Souviens-toi, au niveau des âmes,
ton âme est lié à tout ce qui existe.*

*Considère que tu vis dans une époque,
où tu ne communiques plus consciemment
avec les plantes et les animaux.*

*Il n'ya que
très peu
d'âmes
sages et savantes qui savent
qu'il est possible de
communiquer avec le monde des plantes,
le monde des animaux,
et même avec le monde des minéraux.*

*Écoute,
ces mondes essayent
de te parler,
car ils sont prêts et ils ont l'esprit ouvert.*

Le monde des plantes te signale :

Ouvre-toi !

Chapitre XI - Sur la communication - L'échange dans le cosmos -

Le monde des animaux te signale:

Ouvre-toi!

Le monde des minéraux te signale:

Ouvre-toi!

*Ouvre ton cœur
et ressens ta liaison.*

*Parle à tout ce qui est
et entre en contact avec tout ce qui est.*

*L'Amour est
le langage de ton cœur,
le langage
qui relie tout.*

Tu en es capable, alors ose.

*Il fait part de ton destin,
d'exaucer les plantes et les animaux,
les minéraux,
tous les esprits de la nature,
les devas et les anges.*

Chapitre XI - Sur la communication - L'échange dans le cosmos -

*Invite- les dans ton cœur
et laisse les prendre part
à ton Amour.*

*Etends ainsi ta conscience,
car ceci est ta mission
dans la lumière de l'Amour.*

*Évolue la création entière
par l'Amour de ton cœur.*

*Communique,
et entre en contact avec tout.*

Car, communication véritable signifie :

*Connaissance de soi-même,
de sa propre divinité universelle.*

Car, communication véritable signifie :

*Devenir indemne et de ne faire qu'un avec tout,
avec Dieu.*

*Transmets ceci à tous les êtres
et à tous les mondes.*

Chapitre XII

Sur ton être
dans l'univers

*Homme,
accomplis maintenant,
ce que tu t'es proposé à faire
au niveau de ta conscience cosmique
avant ton incarnation actuelle.*

*Homme,
réjouis-toi, car le royaume des cieux est là.*

Tu es libéré, tu peux accomplir.

*Que tu finisses jamais d'exulter.
Que tu finisses jamais de remercier.*

*De remercier Dieu de l'Amour.
De remercier Dieu qui t'a délivré.*

*Remercie,
car tu as déjà reçu
la délivrance.*

*Remercie,
car
maintenant tous les autres êtres
vont être délivrés eux aussi.*

*Ta délivrance
s'est effectuée par la grâce de Dieu.
La délivrance de tous les êtres
s'effectue par ta grâce.*

*Reconnais,
que tu es responsable pour
tout ce qui se passe.*

*Reconnais,
que le temps est venu
pour ta mission,
de délivrer tout être.*

*Reconnais,
que tu as une mission de la lumière.*

*Reconnais,
que tu as une mission d'Amour
et que tu deviens indemne par
ta mission pour ce monde.*

*Reconnais,
que tu deviens indemne,
par ce travail divin et infini
pour la création.*

*Reconnais, être homme signifie:
Etre lumière.*

*Reconnais, être homme signifie:
Etre porteur de lumière.*

*Reconnais,
être homme signifie:
Ramener la lumière.*

*Car tu es le messager de la lumière.
Car tu es le porteur de la lumière.*

Pour cette raison, continue à porter ta lumière.

*A quoi ça sert au monde
si tu as la lumière en toi?*

Chapitre XII - Sur ton être dans l'univers

A quoi ça sert
aux autres êtres si tu
ne la dissémine pas?

En tant que porteur de lumière
tu dois remettre la lumière.

Tu es responsable
de remettre la lumière,
de remettre la lumière
à tous les êtres
et
à éclaircir le cosmos
avec ta lumière.

Penses-y toujours:

Si quelqu'un a des oreilles pour entendre,
qu'il entende.
Si quelqu'un a des yeux pour voir, qu'il voie.
Si quelqu'un cherche le royaume de Dieu,
qu'il se recueille en soi.

Car le royaume de Dieu est en toi.

Car ton corps est le temple de ton âme.

*Tu ne vis
que les conséquences de tes propres actes.*

*Tu ne vis
que ta propre réalité.*

*Tu ne vis
que ce que tu crées dans ton monde interne.*

*C'est toi-même qui crées
ton propre monde.*

*Tu ne peux rendre responsable
rien et personne pour cela.*

*Le temps
de lamenter
et de se plaindre est fini.*

*L'enfer n'existe plus.
L'enfer est devenu lumière par l'Amour.*

*Car toi, tu es déjà dans la lumière,
tu es lumière délivrée.*

Tu es, en vérité, le Lucifer délivré.

Chapitre XII - Sur ton être dans l'univers

*Alors ne lamente pas, et ne te plains pas,
mais exulte et pousse des cries de joie.*

*Sois gai et hilare,
car tu es libéré.*

*Car tu es dans l'or,
et car tu es l'or.*

*Car tu es dans la lumière,
et car tu es la lumière.*

*Car tout est lumière,
comme tu es dans la lumière.
Car tout est son, comme tu es dans le son.
Car tout est chant de louanges divin.*

*Louange le nom du Seigneur sans cesse,
car tout aspire à la perfection.*

*Tu n'es pas venu au monde
pour proclamer et missionner.*

*Non!
Tu es venu pour achever.*

Alors chante,
et sois en unisson avec tout.

Alors chante,
et prends avantage de chaque occasion.

Alors chante
ton louange avec la chorale cosmique.

Réjouis-toi,
sans fin et sois heureux sans fin.

Réjouis-toi,
tu es le Alpha et le Oméga.

Réjouis-toi,
tu es une expression de l'Amour divin.

Réjouis-toi, le royaume des cieux est arrivé.

Homme, réjouis-toi,
tu redécouvres le royaume des cieux
en toi.

OM SAI RAM

Sur Steed Dölger:

Dans sa tradition, les hommes sont guidés sur leur voie de la lumière, le chemin d'or du cœur.

Par sa lumière et par son Amour, les hommes se souviennent de leur origine divine. A travers le *Connais-toi toi-même* ils font l'expérience que leur vraie destinée est l'Amour.

Contact:

www.steed-doelger.de

*En cas de questions de compréhension
quant au texte français,
veuillez contacter les traducteurs:*

*Shan Khara Birgit Gappa:
shankhara@gmx.com*

*Samparna Bernardy:
info@samparna-consulting.com*

Liebe - Die Bestimmung des Menschen
(titre de la version originale allemande)

Traductions:
(jusqu'à 2016)

Love - The Nature of Man

Amour - La destinée de l'homme

Liefde - De bestemming van de mens

Amore - Il destino dell'uomo

Miłość – przeznaczenie człowieka

Любовь – Предназначение Человека

En préparation:

espagnol, grec, croate